IRENE HERNANZ

Worms

Editorial Dilema
Madrid, 2025

© Irene Hernanz, 2025
© Editorial Dilema, 2025
Ibáñez Marín, 11 - 28019 Madrid
Teléfonos: 91 472 90 71 - 670 367 479
info@editorialdilema.com
www.editorialdilema.com
ISBN: 978-84-9827-695-4
Depósito legal: M-7340-2025

Diseño de colección y portada: Esther Hernández Gonzalo
Fotografía: Carmen Ripoll
Maquetación: Julia Gancedo

a Carlos y al Hospital Clínic,
por darme la posibilidad
de escribir esta obra en el verano del 2020
y todas las demás

El primer título de esta obra fue **Y los gusanos se quedaban con hambre.**

Fue galardonada con el premio **Paraules en Escena** *en Gavà en 2021.*

Comenzó residencia artística en el Centre Cívic de la Cadena en Octubre de 2022 con la compañía Las Clitorianas. Esta residencia finalizó con una representación el 19 de Marzo de 2024.

Fue seleccionada en la convocatoria **On el teatre batega** *en 2024 para ser estrenada en teatros en 2025.*

Lectura dramatizada el 1 de Julio de 2024
Sala Fénix, El Raval, Barcelona

Dirección: Gemma Charines

Intérpretes:
COLOMA Paula Vera
OLIVIA Eva Díez
MARISA Gemma Charines

Estreno el 23 de Abril de 2025
Sala Fénix, El Raval, Barcelona

Dirección: Gemma Charines

Intérpretes:
COLOMA Paula Vera
OLIVIA Eva Díez
MARISA Gemma Charines

Ambos personajes, **COLOMA** y **OLIVIA**, se parecerán un poco y vestirán de negro. O no, quizá dirección prefiera que los personajes no parezcan llegar a un funeral aunque vayan a un funeral.

Al pasar de una escena a otra dirección puede incluir variaciones, para que se vea el paso del tiempo.

El espacio escénico no debe necesitar de muchos más elementos que un ataúd y una urna.

Los personajes que existirán en escena siempre serán **COLOMA** y **OLIVIA**.

El resto de personajes no han sido escritos para tener representación física. MARISA podría no ser representada por una intérprete si fuese una elección de dirección.

/ indica interrupción del discurso.

DRAMATIS PERSONAE

COLOMA
OLIVIA

MARISA

"… Tu mujer y tus hijas no te olvidan."

Cualquier epitafio de cualquier tumba de cualquier padre en cualquier sitio

ESCENA 1

Dos MUJERES, vestidas de negro.
Se miran con cierta incomodidad, paradas, dubitativas.
Se dirigen a alguien más, sin llegar a hablar entre ellas,
pero siendo conscientes de la compañía de la otra.

COLOMA: *¿Perdone?*
OLIVIA: *¿Qué?*
COLOMA: *...*
OLIVIA: *Ya.*
COLOMA: *Bueno...*
OLIVIA: *Pues igual/*
COLOMA: *Gracias por/*
OLIVIA: *Gracias por venir.*

Pausa.
COLOMA: *Gracias.*
OLIVIA: *Muchísimas gracias.*

Pausa.
COLOMA: *Muy amable.*
OLIVIA: *Nunca es fácil.*

Pausa.
COLOMA: *Sí, sí.*
OLIVIA: *Eso dicen.*

COLOMA: *Fue rápido.*
OLIVIA: *Muy rápido, sí.*

Pausa.
COLOMA: *Sí, una suerte.*
OLIVIA: *Una suerte inmensa.*

Pausa.
COLOMA: *Muchísimas gracias.*
OLIVIA: *Qué detalle que hayáis venido hasta aquí.*

Pausa. Demasiado larga.

COLOMA: *¿Le conoces?*
OLIVIA: *¿A quién?*
COLOMA: *Al último. El de la chaqueta beige con coderas.*
OLIVIA: *¿Con gafas? ¿Un poco beatnik?*
COLOMA: *Sí.*
OLIVIA: *Me suena. Me suena.*
COLOMA: *¿De qué?*
OLIVIA: *No lo sé, pero me suena. ¿A ti no?*
COLOMA: *A mí también, no sé de qué, pero a mí también.*

Pausa.
COLOMA: *…*
OLIVIA: *No, no lo sé.*
COLOMA: *Ni yo.*

Pausa.

COLOMA*: Igual si hacemos memoria.*

Pausa.

COLOMA*: ¿Qué?*

OLIVIA*: Espera.*

COLOMA*: Vale.*

OLIVIA*: Tú también.*

COLOMA*: Yo también.*

Pausa.

OLIVIA*: Nada.*

COLOMA*: ¿Nada?*

OLIVIA*: ...*

COLOMA*: Nada.*

OLIVIA*: Nada. Si es nada, es nada.*

COLOMA*: Pero... ¿Nada?*

OLIVIA*: Ya ves... Nada.*

COLOMA*: Pero...*

OLIVIA*: De verdad, LO SIENTO, pero no, nada. No sé nada.*

COLOMA*: Y entonces...*

OLIVIA*: Entonces ¿qué?*

COLOMA*: Da igual.*

OLIVIA*: ¿Qué?*

Pausa.

COLOMA*: Muchas gracias.*

OLIVIA: *Gracias por venir.*

COLOMA: *Ah...*

OLIVIA: *Pues...*

COLOMA: *No lo habíamos pensado.*

OLIVIA: *No, no lo habíamos pensado.*

COLOMA: *Pero claro, es lógico...*

OLIVIA: *De lo más coherente.*

COLOMA: *Que alguien diga unas palabras por papá estaría muy bien.*

OLIVIA: *Muy bien.*

Pausa.

COLOMA: *¿Nosotras?*

OLIVIA: *Nosotras no.*

COLOMA: *Es decir/*

OLIVIA: *Que mejor que no.*

COLOMA: *No sabríamos.*

OLIVIA: *Lo haríamos fatal.*

COLOMA: *Es una convención.*

Pausa.

OLIVIA: *No, no es por faltar al/*

COLOMA: *Si es obligatorio...*

COLOMA: *No tiene por qué ser obligatorio.*

OLIVIA: *Claro que no.*

COLOMA: *Claro que sí.*

OLIVIA: *Sí, ¿eh?*

COLOMA: *Estaremos encantadas de decir algo.*

Pausa.

COLOMA: *Es una idea muy buena, aunque claro, eres...*
Su hermana.

OLIVIA: *Su hermana.*

COLOMA: *Nuestra tía.*

OLIVIA: *¿Directa?*

COLOMA: *Casi, casi la misma sangre. Olivia, acabo de tener una idea.*

OLIVIA: *...*

COLOMA: *Olivia.*

OLIVIA: *Yo.*

COLOMA: *Sí, tú.*

OLIVIA: *Yo, Olivia.*

COLOMA: *¿Quién va a ser si no?*

OLIVIA: *Sólo yo.*

COLOMA: *¿Y si nuestra tía, querida tía me imagino, dice unas palabras por nuestro padre?*

OLIVIA: *Qué idea más buena...*

Pausa.

OLIVIA: *¡Coloma!*

OLIVIA: *Claro, tía, claro que sé su nombre, la estaba vacilando, bromas de hermanas.*

COLOMA: *... De hermanas.*

OLIVIA: *Oye, por supuesto que tienes que hablar, tía, es una ideaza, una idea buenísima.*

COLOMA: *Sí. Muy buena. Muy buena.*

OLIVIA: *De verdad, TÍA, tía nuestra, yo creo que si llevabais 10 años sin hablar este es el momento de hacer las paces.*

COLOMA: *Él estaría encantado.*

OLIVIA: *Seguro.*

COLOMA: *No...*

OLIVIA: *No lo diría en serio.*

COLOMA: *No pienses mal de él... No merece la pena. Ya no vale de nada.*

OLIVIA: *Fíjate, nosotras ni siquiera lo sabíamos.*

COLOMA: *No lo sabíamos.*

OLIVIA: *Ni idea.*

COLOMA: *Es que 10 años sin verte con alguien de tu familia debe ser muy normal en esta época.*

OLIVIA: *¿Diez años? Ni te das cuenta.*

COLOMA: *En serio, Ni idea. Era muy discreto.*

OLIVIA: *Tan discreto.*

COLOMA: *Pero tú eres su hermana, ya sabías que es un hombre muy discreto.*

Pausa. (La tía seguramente esté contestando algo que no esperan)

COLOMA: *No, ya.*

OLIVIA: *Lo que Coloma quiere decir es que fue... Después.*

COLOMA: *Ya mayor, quise decir, sí.*

OLIVIA: *La edad, la edad le hizo muy discreto.*

COLOMA: *No, de verdad, yo creo que sería muchísimo más interesante que hablaras tú.*

OLIVIA: *Su hermana perdida, es mucho mejor a que hablemos nosotras, que es tan cliché...*

COLOMA: *Total, sus hijas.*

OLIVIA: *Sus hijas, ya ves tú.*

Pausa.

COLOMA: *A nosotras, a nosotras ya se nos escucha mucho.*

OLIVIA: *Si hablamos sin parar, cada día. Seguro que si él pudiera salir de la tumba diría "que os calléis ya, dejad a hablar a alguien más, pesadas".*

COLOMA: *Y además. En un funeral. Es que es tan típico... Seguro que hacer algo más original funciona mucho mejor...*

Pausa.

OLIVIA: *Gracias.*

COLOMA: *Muchas gracias, tía.*

OLIVIA: *Luego nos vemos.*

COLOMA: *Eso.*

Pausa.

COLOMA: *Casi lo conseguimos...*

OLIVIA: *Me da la sensación que eres de estas personas que piensan poco antes de decir las cosas. Me da esa sensación.*

COLOMA: *¿Tú crees?*

OLIVIA: *No estoy segura al 100% pero diría que sí.*

COLOMA: *Puede ser.*

OLIVIA: *Tampoco parecía que fuera a ser una gran conferenciante. Igual duraba medio minuto la elegía.*

COLOMA: *¿Se llama elegía?*

OLIVIA: *Si nos ponemos quisquillosos, no, porque para que fuera una elegía debería tratarse de un texto lírico, y yo no me veo muy capaz de elaborar un texto lírico aquí y ahora.*

COLOMA: *Pues algo tendremos que decir.*

OLIVIA: *Tengo mucha hambre.*

COLOMA: *¿Has desayunado?*

OLIVIA: *Creo que no.*

Pausa.

OLIVIA: *¿Y tú has desayunado? ¿Tomado un café? ¿Comido algo?*

COLOMA: *Yo no me acuerdo.*

OLIVIA: *Las elegías se suceden antes de que se lleven al difunto. A veces se hacen junto a la tumba abierta, pero creo que hace mucho que no lo hacen así.*

COLOMA: *En las películas americanas hablan al lado de la tumba, o con el ataúd cerrado, ya dentro de la tumba, antes de cubrir el ataúd con la tierra. Aunque suele hablar un general, o alguien del ejército.*

OLIVIA: *Andrés... Nuestro padre... No estaba en el ejército.*

COLOMA: *Seguro que no.*

Pausa.

OLIVIA: *¿Ves muchas películas?*

COLOMA: *Imagino que nunca saco el tiempo.*

OLIVIA: *Seguramente a mí me pase lo mismo.*

COLOMA: *Vale, no veo a nadie con insignias ni medallas ni nada.*

OLIVIA: *Estamos en un pueblucho, aquí los generales sólo llevan sus putas medallas en los entierros de los reyes, cardenales, capitanes y gentuza de esa. No creo que, por mucho que haya alguien del ejército, vaya mostrando sus banderas.*

COLOMA: *...*

OLIVIA: *¿Estás bien?*

COLOMA: *Sí.*

OLIVIA: *Pareces...*

COLOMA: *¿Qué parezco? ¿Me has visto así alguna vez antes?*

OLIVIA: *... ¿Quieres fumar un cigarrillo?*

COLOMA: *Entonces fumo.*

OLIVIA: *Es un funeral. Hay que fumar.*

COLOMA: *¿Podemos fumar nosotras?*

OLIVIA: *Si es realmente nuestro padre, supongo que podremos fumar, gritar, meternos coca, tener una bajada de tensión, gritar y discutir con todo el mundo.*

COLOMA: *Pero... Solo quieres fumar, ¿no?*

OLIVIA: *Sólo fumar.*

Pausa.

COLOMA: *Hay que decir algo bonito, Olivia, era nuestro padre, esta gente esperará que le dediquemos unas palabras.*

OLIVIA: *Ojalá pudiera hablar el de la chaqueta.*

COLOMA: *¿Crees que es de la familia o amigo de...?*

OLIVIA: *¿De qué?*

COLOMA: *No lo sé. Pero podría hablar él, sí.*

OLIVIA: *¿Se lo pido?*

COLOMA: *Igual es raro.*

OLIVIA: *Igual soy rara.*

COLOMA: *¿Vas?*

OLIVIA: *No.*

Pausa.

OLIVIA: *Me parece un tío raro.*

Pausa.

COLOMA: *Podríamos hablar de un modo muy genérico. Ya sabes, todo eso de "todo el mundo que ha venido hoy aquí te quería mucho porque eras una gran persona".*

OLIVIA: *Pero es que igual no era una gran persona y todo el mundo lo sabe.*

COLOMA: *Pero es lo que se dice siempre, ¿o crees que si hubieran hecho un entierro a Hitler sus amigos hubieran dicho "gran amigo y dictador nazi, responsable de un genocidio de 7 millones de personas" o que más bien hablarían de que era un amante de la naturaleza y los animales?*

OLIVIA: *Te has pasado.*

COLOMA: *Era para hacerlo más claro.*

OLIVIA: *Porque... ¿Porque me cuesta entender ciertas cosas a veces? ¿Soy dura de cabeza?*

COLOMA: *Creo que lo eres...*

OLIVIA: *En serio, ¿y si era una mala persona? ¿Y si era un estafador, un violador o un antivacunas?*

COLOMA: *¿Y entonces esta gente qué hace aquí?*

OLIVIA: *Imagino que han venido a quedar bien.*

COLOMA: *Está muerto, ya es tarde para quedar bien.*

OLIVIA: *Con nosotras... Con nuestra madre...*

COLOMA: *Nuestra madre.*

OLIVIA: *Nuestra madre.*

COLOMA: *...*

OLIVIA: *...*

COLOMA: *Bueno, aquí están, ¿no? Se dice algo bonito y punto.*

OLIVIA: *Y punto.*

Pausa.

COLOMA: *Hace... Rato que no la veo.*

OLIVIA: *¿A quién?*

COLOMA: *...*

OLIVIA: *... Ah. Sí, ¿verdad?*

Pausa.

COLOMA: *¡Vaya! Estoy tan cansada.*

OLIVIA: *Y yo.*

COLOMA: *Imagino que anoche ninguna de nosotras pudo dormir.*

OLIVIA: *No, nada.*

COLOMA: *Estoy tan cansada que ni siquiera recuerdo si ha venido conmigo.*

OLIVIA: *Ni yo.*

COLOMA: *Ni si ha venido en absoluto.*

OLIVIA: *Ni yo.*

COLOMA: *Ni si estaba anoche en casa cuando encontraron el cadáver.*

OLIVIA: *Ni yo.*

COLOMA: *Ni si vivían juntos.*

OLIVIA: *Ni yo.*

Pausa.

COLOMA: *¿Recuerdas que yo te llamara por teléfono para decirte que papá había muerto mientras dormías?*

Pausa.

OLIVIA: *No.*

COLOMA: *Yo tampoco.*

Pausa.

COLOMA: *¿Quién va a hablar?*

Pausa.

OLIVIA: *¿Dónde está mamá?*

ESCENA 2

OLIVIA y COLOMA *volverán a la posición anterior aunque pueden haber algunas modificaciones por parte de la dirección.*

Pueden ser mínimas o notorias: pueden haber cambiado de lado, llevar el peinado un poco cambiado... O lo que decida la dirección.

Se miran, dubitativas.

Se dirigen a alguien que llega.

COLOMA: *Gracias.*

OLIVIA: *Gracias por venir.*

Pausa.

COLOMA: *Gracias.*

OLIVIA: *Muchísimas gracias.*

COLOMA: *Muy amable.*

OLIVIA: *Nunca es fácil.*

COLOMA: *Sí, sí.*

OLIVIA: *Muy rápido, sí.*

COLOMA: *Perdón, una pregunta... Es que MI HERMANA y yo llevamos un rato aquí, estamos muy cansadas... ¿Usted me puede decir si hace algún rato, o si recientemente, si se ha fijado... si ha visto a nuestra madre?*

Pausa.

OLIVIA: *Sí, claro que es broma. El luto, que nunca se sabe por dónde vas, ¿eh, Coloma?*

COLOMA: *Gracias por venir.*

Pausa.

COLOMA: *Podrías haberme ayudado un poco.*

OLIVIA: *No va a hacer falta, creo que es la del tocado.*

COLOMA: *A ver.*

OLIVIA: *Está abriendo la ventana para fumar.*

COLOMA: *No.*

OLIVIA: *¿No?*

COLOMA: *Mamá no fuma.*

Pausa.

OLIVIA: *Venga, ¿y quién crees tú qué?*

COLOMA: *Esa mujer no.*

OLIVIA: *¿Y la del jersey azul oscuro?*

COLOMA: *Es azul navy.*

OLIVIA: *Joder, la del cardado.*

COLOMA: *Tampoco.*

Pausa.

OLIVIA: *Gracias por venir.*

COLOMA: *Muy amable.*

OLIVIA: *Perdone, ¿ha visto a nuestra madre?*

Pausa.

OLIVIA: *Hace un rato que le hemos perdido la vista...*

COLOMA: *¿Ahí?*

OLIVIA: *Claro... Con la chaqueta gris...*

COLOMA: *El abrigo marrón.*

OLIVIA: *Es broma. Era broma. Una bromita malintencionada, para quitar un poco de hierro a todo esto.*

COLOMA: *Ya, lo estamos pasando fatal y cada uno gestiona el dolor como puede, muchas gracias.*

Pausa.

COLOMA: *Así que... Ahí está. Nuestra madre. Ma-dre. Olivia. Olivia. Olivia. Olivia.*

OLIVIA: *¿Me hablas a mí?*

COLOMA: *No hay más Olivias aquí.*

OLIVIA: *Ya, perdona, es que... No sé, me siento como si no me acordara ni de mi propio nombre.*

COLOMA: *Me pasa igual.*

Pausa.

OLIVIA: *Muchas gracias.*

COLOMA: *Gracias.*

OLIVIA: *Puede ir a saludar a nuestra madre, está ahí.*

COLOMA: *Sí, le vendrá muy bien hablar con alguien.*

OLIVIA: *Gracias.*

COLOMA: *Gracias.*

Pausa.

COLOMA: *¿Y esta quién es?*

OLIVIA: *No lo sé.*

COLOMA: *Igual no ha sido buena idea que vaya con mamá, ¿no? Igual era una amiga de papá, una amante, una vecina... Igual a mamá no le gusta nada la idea de hablar con nadie y es por eso por lo que no estamos sentadas con ella, ¿no te parece?*

OLIVIA: *Lo que me parece es que mamá le está cogiendo la mano como si quisiera cortarle la circulación. Y le está hablando muy cerca. ¿Tú crees que mamá es una mujer cercana?*

COLOMA: *Eso parece.*

OLIVIA: *Pues entonces, lo será.*

Pausa.

COLOMA: *Gracias, gracias por venir.*

OLIVIA: *Puede ir a saludar a mamá, que está ahí.*

Pausa.

OLIVIA: *Qué guapa es mamá.*

COLOMA: *Sí.*

OLIVIA: *¿Has visto que no nos parecemos en nada?*

COLOMA: *En nada.*

OLIVIA: *Debimos salir a papá.*

COLOMA: *La verdad es que no lo sé.*

OLIVIA: *Yo tampoco.*

COLOMA: *¿Crees que papá tenía la nariz grande como yo?*

OLIVIA: *¿O los ojos azules como yo?*

COLOMA: *¿Y artrosis en las rodillas?*

OLIVIA: *Bueno, mamá, ahí, lleva sentada desde que llegamos, a lo mejor es ella la que tiene artrosis, a lo mejor papá tenía unas extremidades perfectas.*

Pausa.

OLIVIA: *Pero no me acuerdo.*

COLOMA: *Yo tampoco.*

OLIVIA: *Ni de mamá.*

COLOMA: *Tampoco me acordaba de mamá. Ni siquiera sabía que estaba sentada ahí.*

OLIVIA: *Yo no recordaba si había venido conmigo.*

COLOMA: *Yo tampoco recuerdo si ha venido conmigo.*

OLIVIA: *Igual es que ha venido en taxi. Yo recuerdo… Poco.*

Pausa.

OLIVIA: *Gracias por venir.*

COLOMA: *Muchas gracias.*

OLIVIA: *Pues… No estamos muy seguras.*

COLOMA: *Ya se nos ocurrirá alguna cosa que decir.*

OLIVIA: *Si quiere hablar usted. O si quiere convencer a nuestra madre para que diga unas palabras…*

Pausa.

OLIVIA: *No, claro.*

COLOMA: *Era una broma, para relajar el ambiente.*

OLIVIA: *Disculpe si le hemos ofendido.*

Pausa.

COLOMA: *Le habrás ofendido tú, yo no he dicho nada.*

OLIVIA: *Perdona. Qué sensible...*

COLOMA: *Yo debo ser de esas personas a las que no les gusta discutir o quedar mal, o que piensen mal de ellas en cada momento. De esas personas que cuando alguien en un grupo dice "pues ni machista ni feminista, creo en la igualdad" me quedo callada sin nada que decir, y tan tranquila, porque no tengo ningún motor que se dispare a defender la injusticia, la ética, la vida. Y seguramente me ponga a comer lo que sea para que no parezca que no quiero hablar, sino que no puedo.*

OLIVIA: *Igual por eso comes tanto.*

COLOMA: *Siempre tengo hambre, ¿siempre tengo hambre?*

OLIVIA: *¿Cómo quieres que yo sepa eso?*

COLOMA: *... ¿Porque somos hermanas?*

Pausa.

OLIVIA: *¿Tienes hambre ahora?*

COLOMA: *Ahora no.*

OLIVIA: *Vale.*

COLOMA: *Quizá... Podríamos ir con mamá.*

OLIVIA: *...*

COLOMA: *Por si necesita algo, si quiere comer, igual ella tiene hambre.*

OLIVIA: *Ve tú.*

COLOMA: *Pero ven.*

OLIVIA: *Yo no voy.*

COLOMA: *Ven tú también.*

OLIVIA: *No, yo no voy también.*

COLOMA: *¿Por qué no vas a venir tú también?*

OLIVIA: *Porque no.*

COLOMA: *Ven.*

OLIVIA: *Ve tú.*

COLOMA: *Eres muy infantil.*

OLIVIA: *Igual sí.*

COLOMA: *Igual eres de esas personas que siguen comportándose como una niña pequeña aunque estén en el bautizo de su padre.*

OLIVIA: *Es un entierro.*

COLOMA: *...*

OLIVIA: *Pero vamos, que no me sorprendería.*

COLOMA: *Bueno, no quieres ir...*

OLIVIA: *¿Tú quieres?*

COLOMA: *No...*

OLIVIA: *¿Por qué?*

COLOMA: *Por nada.*

OLIVIA: *Pues ve.*

COLOMA: *Ve tú.*

OLIVIA: *No pienso ir.*

COLOMA: *¿Por qué?*

OLIVIA: *Por nada.*

COLOMA: *¿No quieres ir?*

OLIVIA: *Bueno, sí... Pero no, nada.*

COLOMA: *¿No puedes?*
OLIVIA: *No puedo.*
COLOMA: *Yo tampoco.*

Pausa.
COLOMA: *Gracias.*
OLIVIA: *Muchas gracias por venir.*

Pausa.
COLOMA: *¿Papá tenía tantos amigos?*
OLIVIA: *Se me ha ocurrido una idea.*
COLOMA: *¿Para qué?*
OLIVIA: *Con mamá.*
COLOMA: *…*
OLIVIA: *Sin tener que ir hasta ahí.*
COLOMA: *Te escucho.*
OLIVIA: *Vamos a saludarla con la mano.*
COLOMA: *¿Esa es tu idea?*
OLIVIA: *Pues sí, levantamos la mano las dos, a la vez, la saludamos, la sonreímos y así, pues estamos pendientes de ella por si necesita alguna cosa.*
COLOMA: *¿Y si nos hace un gesto para que vayamos?*
OLIVIA: *Buen punto.*
COLOMA: *Entonces estamos jodidas, tendríamos que ir, yo tendría que ir por lo menos, no sería capaz de rechazar a mi… A mi madre…*
OLIVIA: *No, tú no.*
COLOMA: *¿Tú sí?*

OLIVIA: *Eso parece, ¿no? Estoy buscando una excusa para no ir a hablar con mi madre en el funeral de mi padre, está claro que no me van a dar el premio a la hija del año.*

COLOMA: *Puede funcionar, pero tenemos que ser muy rápidas.*

OLIVIA: *¿Cómo de rápidas?*

COLOMA: *Así. Una mano arriba. Gran sonrisa. Y abajo y mirada a otro lado.*

OLIVIA: *A ver, cómo.*

COLOMA: *Mano arriba...*

OLIVIA: *Mano arriba...*

COLOMA: *Gran sonrisa.*

OLIVIA: *Gran sonrisa.*

COLOMA: *Tiene que ser más grande.*

OLIVIA: *¿Así de grande?*

COLOMA: *Sí...*

OLIVIA: *Entonces, podría mejorar. ¿Así?*

COLOMA: *Vale, si es lo que hay, es lo que hay.*

OLIVIA: *Es lo que hay.*

COLOMA: *Sonrisa.*

OLIVIA: *Sonrisa.*

COLOMA: *Y rápido, en cuanto nos mire, a la derecha.*

OLIVIA: *A la derecha.*

COLOMA: *Eso no es la derecha.*

OLIVIA: *¿Es la izquierda?*

COLOMA: *Sí.*

OLIVIA: *Juraría que era la derecha.*

COLOMA: *Debes ser de ese tipo de personas...*
OLIVIA: *¿Disléxicas?*
COLOMA: *Efectivamente.*
OLIVIA: *No esperemos más.*
COLOMA: *Ok.*
OLIVIA: *Estoy preparada.*
COLOMA: *Yo también.*

Hacen el saludo, la sonrisa y miran enseguida hacia su izquierda, pero Olivia mantiene la mirada y le lanza besos a su madre.

OLIVIA: *Ya.*
COLOMA: *Ya está.*
OLIVIA: *Estás pensando por qué coño habré hecho eso.*
COLOMA: *No...*
OLIVIA: *Yo también lo pensaría.*
COLOMA: *¿Te ha lanzado un beso ella?*
OLIVIA: *Después.*
COLOMA: *¿Después de que?*
OLIVIA: *De que empezara yo.*
COLOMA: *Esperemos que baste.*

Pausa.

OLIVIA: *Cuando has preguntado a esa mujer que si había visto a mamá y la ha señalado, no la he reconocido. Te aseguro que podía haber sido la mujer de la chaqueta negra perfectamente, y cuando nos lo ha dicho, y la he mirado, no he puesto mis ojos en nuestra madre y he*

pensado "*claro, esa es mi madre*". *La he mirado como quien mira a una desconocida, a un vagabundo, o a una gaviota, o una mujer mayor desconocida que llega hasta el ascensor de un edificio y espera. Y espera. ¿No es lamentable mirar a tu madre y no reconocerla?*
COLOMA: *... Yo tenía más miedo de que me dijeran que también había muerto y no recordarlo.*

Pausa larga.
OLIVIA: *¿Ya no viene nadie más?*
COLOMA: *En breve empezará la ceremonia.*

Pausa larga.
OLIVIA: *Esto... ¿Cuánto ha costado? No recuerdo haber pagado nada.*
COLOMA: *No, seguro que no.*
OLIVIA: *¿Cómo que seguro que no? ¿Lo pagaste tú?*
COLOMA: *...*
OLIVIA: *Debería pagarte la mitad. Busca la factura.*
COLOMA: *Igual la tienes tú.*

Pausa.
OLIVIA: *No la tengo.*

Pausa.
COLOMA: *No estarías.*
OLIVIA: *¿Por qué no iba a estar?*
COLOMA: *Igual me llamaron a mí.*

OLIVIA: *¿Y por qué a ti?*

Pausa.

COLOMA: *¿Podrías hacer el favor de dejar de preguntarme todo?*

Pausa.

OLIVIA: *Es que creo que no estaba.*

COLOMA: *Puede ser.*

OLIVIA: *Creo que soy una de esas personas a las que no llaman.*

COLOMA: *Igual eres de esas personas que no contestan nunca al teléfono.*

OLIVIA: *También podría ser.*

Pausa.

OLIVIA: *Alguien me llamó.*

Pausa.

COLOMA: *No recuerdo que habláramos.*

OLIVIA: *Pero, ¿no lo recuerdas o "no lo recuerdas"?*

Pausa.

OLIVIA: *Quizá no me gusta hablar por teléfono, simplemente.*

COLOMA: *O no con todo el mundo. Quiero decir que igual no te disgusta hablar por teléfono pero hay gente con la que no te gusta hablar.*

OLIVIA: *Pero, claro. No hay nadie al que le guste hablar por teléfono por hobby, así, con cualquier persona, porque sí, por hablar. A nadie le gusta hablar por hablar. A mí no me gusta hablar por hablar. Seguro. Seguro que no me gusta hablar por hablar.*

COLOMA: *Todo el mundo contesta al teléfono a su hermana.*

OLIVIA: *¿Por qué dices eso?*

COLOMA: *Porque hablar con una hermana no es hablar por hablar. Si te llama tu hermana, seguramente sea por algo importante.*

OLIVIA: *No tiene por qué.*

COLOMA: *Todo el mundo contesta al teléfono a su hermana.*

OLIVIA: *No lo creo.*

COLOMA: *Pues yo creo que todo el mundo contesta al teléfono a su hermana cuando, no sé, ha podido fallecer su padre.*

OLIVIA: *Coloma, estoy aquí.*

COLOMA: *¿Y?*

OLIVIA: *Joder, pues que alguien me llamó, a ver, que no sé ni dónde estaba ni dónde he estado pero alguien me llamó, y aquí estoy, así que igual fuiste tú.*

COLOMA: *Pero igual te despertaste demasiado tarde.*

OLIVIA: *¿Demasiado tarde para qué si ya había muerto papá?*

COLOMA: *No lo sé.*

Pausa.

COLOMA: *¿Ves a mamá?*

OLIVIA: *Sí, está por ahí con la mujer a la que le cortaba la circulación.*

COLOMA: *Gracias.*

Pausa.

OLIVIA: *¿Crees que ya estaba pasando antes? ¿Que lo sabíamos de algún modo?*

COLOMA: *Sí, sí lo creo.*

OLIVIA: *Yo no lo recuerdo.*

COLOMA: *Ya.*

OLIVIA: *¿Siempre hablas con indirectas?*

COLOMA: *... No lo sé.*

OLIVIA: *¿Eres la pasivo agresiva de las hermanas? ¿La que echa la mierda a poquitos, cuando más huele? Porque empieza a tener toda la pinta de eso.*

COLOMA: *... Pues puede ser.*

OLIVIA: *¿Me llamaste o no?*

COLOMA: *...*

OLIVIA: *¿Me llamaste para decirme que nuestro padre había muerto y yo no te contesté?*

COLOMA: *Seguramente.*

OLIVIA: *¿Y como no te contesté fue por eso que tuviste que hacerlo todo sola con la funeraria?*

COLOMA: *Sí.*

Pausa.

OLIVIA: *No lo sabes.*

COLOMA: *A ver...*

OLIVIA: *¡No te acuerdas!*

COLOMA: *Tengo ciertas lagunas/*

OLIVIA: *¿Qué lagunas joder me cago en Dios Coloma que no sabes si me llamaste o no?*

COLOMA: *... Me parece lo más probable.*

OLIVIA: *"Probable" ahora lo es todo.*

COLOMA: *Y lógico, también me parece lo más lógico.*

OLIVIA: *No.*

COLOMA: *Sí, sí.*

OLIVIA: *Lógico no.*

COLOMA: *Lo noto. Es que lo noto.*

OLIVIA: *¿El qué? ¿Lo recuerdas o no?*

COLOMA: *Sé que me has dejado tirada.*

OLIVIA: *¿Cuándo?*

COLOMA: *Siempre.*

OLIVIA: *Ya.*

COLOMA: *Eras ese tipo de persona que va a la suya, que te deja tirada y por la que siempre se ha de dar la cara y que te convierte en un saco de boxeo hasta que sólo te queda un poquito de arena por dentro.*

Pausa.

OLIVIA: *Joder, para no acordarte...*

COLOMA: *Ya.*

OLIVIA: *Debes haber estado muy cabreada.*

COLOMA: *Pero ahora ya no.*

OLIVIA: *Pues no lo parece.*

COLOMA: *Ya está dicho.*

OLIVIA: *¿Y por eso ya no estás enfadada? ¿Porque lo has dicho?*

COLOMA: *Y tienes razón, tampoco me acuerdo de todo.*

OLIVIA: *Pero seguramente no estaba. Seguramente tengas la factura, seguramente lo hiciste todo sola. Seguramente no me llamaste pero tampoco hubiera contestado. Seguramente yo también estaba enfadada.*

COLOMA: *¿Tú?*

OLIVIA: *Sí, yo.*

COLOMA: *¿Y por qué?*

OLIVIA: *Porque sí.*

Pausa.

OLIVIA: *¿Quién es la que está llorando?*

COLOMA: *Es una prima.*

OLIVIA: *¿Nuestra?*

COLOMA: *Sí, ha venido a saludar… Antes… Ya estaba llorando…*

OLIVIA: *Es verdad.*

Pausa.

COLOMA: *Creo que…*

OLIVIA: *¿Qué?*

COLOMA: *Que de pequeñas fuimos juntas a catequesis.*

OLIVIA: *Es verdad, íbamos a catequesis.*

COLOMA: *Creo que tú…*

OLIVIA: *Me escapaba.*

COLOMA: *Claro.*

OLIVIA: *Seguro.*

COLOMA: *Sí.*

Pausa.

OLIVIA: *Lleva un buen rato llorando.*

COLOMA: *Esta ha venido a darlo todo. Debe ser de esta gente que se emociona especialmente en los tanatorios, o no sé, de esta gente que llora mucho con audiencia.*

OLIVIA: *Debe ser por el olor del amoníaco.*

COLOMA: *¿Tú crees?*

OLIVIA: *Es una mezcla de todo, en serio, está demostrado, estos sitios se han diseñado para el drama, perfectos espacios para contemplar el llanto desconsolado. Asientos para echarse a llorar, sin espacio entre las sillas, para que puedas apoyar tu hombro, y dicen que ponen un poco de amoníaco en los ambientadores y en las flores para crear un ambiente más propicio.*

COLOMA: *¿Más propicio para qué? ¿Para llorar?*

OLIVIA: *Pues claro, la gente en general, salvo la dama de las camelias de allí necesita predisposición para llorar, para mostrarse emotiva. La gente prefiere disimular el dolor, les cuesta llorar, incluso dicen que en los tanatorios la gente se ríe demasiado, se dan demasiadas muestras de alegría.*

COLOMA: *Todo esto te lo estás inventando.*

OLIVIA: *No.*

COLOMA: *Nadie propiciaría el drama en un tanatorio, nadie quiere a un montón de gente desconsolada perdiendo los papeles, lo haría todo más difícil para cumplir los horarios y, bueno, incluso para cobrar, imagínate perseguir a una viejecita llorando como una magdalena en el entierro de su hijo. No tiene sentido, Olivia, ningún sentido.*

OLIVIA: *Tampoco tiene sentido que esta mujer esté llorando sin parar.*

COLOMA: *Igual viene aspirando amoníaco desde casa.*

OLIVIA: *Y ha estado olisqueando todas las plantas.*

COLOMA: *De todo el tanatorio.*

OLIVIA: *Y la tienda de regalos.*

COLOMA: *Para.*

OLIVIA: *Paro, ya paro.*

Pausa.

OLIVIA: *En serio, ¿qué le pasará?*

COLOMA: *Nada.*

OLIVIA: *¿Y tú qué sabes?*

COLOMA: *He hablado con ella antes. Bueno, le he dado kleenex. Quería que dejara de llorar, ¿sabes?*

OLIVIA: *Normal, es que se la debe escuchar en todo el edificio, ¿qué le pasa? ¿Y qué has tenido que hacer? ¿La has estado consolando?*

COLOMA: *Casi.*

OLIVIA: *No, en serio.*

COLOMA: *Hemos hablado de papá.*

OLIVIA: ¿Con ella?

COLOMA: Le quería mucho. Le enseñó a bailar sevillanas.

OLIVIA: ¿Papá?

COLOMA: Al parecer todas aprendimos a bailar sevillanas con él.

Pausa.

OLIVIA: ¿Es la de la foto de casa de la abuela?

COLOMA: ¿Qué foto?

OLIVIA: Estábamos tres. Con vestidos de gitana. Llevábamos peineta y unos pendientes más grandes que nuestra cara, y unos coloretes. Esos vestidos son carísimos.

COLOMA: Yo vendí el mío.

OLIVIA: ¿Te acuerdas de eso?

COLOMA: Recuerdo dárselo a alguien. Y dinero. Sí, vendí un vestido de gitana.

OLIVIA: ¿Por cuánto?

COLOMA: Eso no lo sé.

Pausa.

COLOMA: Creo que papá hizo esa foto.

OLIVIA: Me gustaba mucho mi vestido. Creo que era tuyo y lo heredé.

COLOMA: Soy la mayor entonces.

Pausa.

OLIVIA: ¿Y no puede hablar ella?

COLOMA: *No... No puede...*

OLIVIA: *Está claro que no puede.*

COLOMA: *No puede.*

OLIVIA: *Está desconsolada.*

COLOMA: *Eso es.*

OLIVIA: *Porque... ¿qué éramos? ¿Éramos como hermanitas?*

COLOMA: *No sé, igual somos primas hermanas.*

OLIVIA: *Yo no la recuerdo de nada.*

COLOMA: *Ni yo. Ni a nuestro tío.*

OLIVIA: *Ni a nadie, joder.*

COLOMA: *Ya.*

OLIVIA: *¿Y quién es nuestro tío?*

COLOMA: *Aquel. El que ha venido con ella. Vale, pues... el del bigote y la media calva.*

OLIVIA: *Aquí son todos medio calvos.*

COLOMA: *El del tweed.*

OLIVIA: *¿El del tweed?*

COLOMA: *Ese.*

OLIVIA: *¿Por qué dices eso?*

COLOMA: *¿El qué?*

OLIVIA: *¿Lo del tweed?*

COLOMA: *Es lo que lleva.*

OLIVIA: *¿Un tweed?*

COLOMA: *Sí.*

OLIVIA: *¿Y qué es un puto tweed, Coloma?*

COLOMA: *Una chaqueta gruesa, como de traje, pero gordita. Es un traje escocés. Pensé que lo sabrías.*

OLIVIA: *No somos escoceses.*

COLOMA: *Igual sí que lo somos.*

OLIVIA: *No.*

COLOMA: *¿Estás segura?*

OLIVIA: *Escúchanos hablar, ¿te da la puta sensación de que estemos hablando en el inglés de la jodida Escocia?*

COLOMA: *Pero ella... María, creo que se llama, es escocesa.*

OLIVIA: *La reina María era escocesa. De Linlithgow. Nosotras no. Y esa tampoco es escocesa, y el señor del puto tweed tampoco, son ricos, está claro, como muchos amigos de papá. Esto es un puto tanatorio y funeral español, de señores que hacían fotos a sus hijas en trajes de gitana, con familiares con pasta, que tuvieron una relación con un señor muy raro y que tenían amigos militares, ahí es donde estamos Coloma, céntrate.*

COLOMA: *Sí, sí.*

Pausa.

COLOMA: *La reina María vivió mucho tiempo en Francia, ¿no?*

OLIVIA: *Sí.*

COLOMA: *Porque estaban los reyes regentes en Escocia.*

OLIVIA: *Exacto.*

COLOMA: *Y la tía esa, sigue llorando. Y no creo que sea por papá.*

OLIVIA: *Esa tía está jodida. Odia cada instante de su vida y preferiría cortarse las venas que vivir otro día, de hecho igual llora porque no es ella la que está en el ataúd. Porque vive en mundo en el que todo desaparece en tu puta cara sin que te haya dado tiempo a verlo y en el que lo único que te da emoción es que la gente te mire llorar, te miren y piensen en lo buena y sensible que eres en un espacio reservado para hacer el paripé para alguien que no volverá a estar nunca. Y al final, le cortan la cabeza.*

COLOMA: *Fuera.*

OLIVIA: COLOMA. *¿Qué haces?*

COLOMA: *¡Tú! ¡Lárgate ahora mismo de aquí! Hemos venido aquí a despedirnos de nuestro padre, no a que montes una puta escena que no tiene ninguna relación con lo que está pasando, si quieres llorar porque no puedes más con tu miserable vida, hazlo fuera de aquí, vete a esnifar amoníaco, haz lo que quieras, pero lárgate ahora mismo antes de que cuente hasta tres. UNO. DOS. ¡Eso! ¡Largo, joder!*

Pausa.

COLOMA: *Creo que nunca había hecho algo así. Y creo que me he hecho pis.*

OLIVIA: *Creo que eres de esas personas que no controla cuando van a reventar.*

COLOMA: *¿Sí?*

OLIVIA: *Y que cuando revientan, se llevan a todo y todos por delante.*

COLOMA: *Ojalá.*

Pausa.

COLOMA*: Por fin empieza la ceremonia.*

OLIVIA*: Por favor, que alguien hable.*

ESCENA 3

Olivia y Coloma comienzan a aplaudir.

COLOMA: *Menos mal que alguien ha hablado. ¿Tú sabes quién era?*

OLIVIA: *Martín.*

COLOMA: *Eso, Martín.*

OLIVIA: *Martín.*

COLOMA: *Deberíamos ir a darle las gracias por su elegía. Ha sido muy amable y emotivo.*

OLIVIA: *Se ha pasado un poco con lo emotivo.*

COLOMA: *Qué va.*

OLIVIA: *Para mí sí.*

COLOMA: *Ha sido un detalle que dijera tantas cosas buenas de papá. Y de mamá. Marisa... Y Andrés... ¿De qué se conocerían?*

OLIVIA: *De la universidad. Supongo.*

COLOMA: *Tenían que ser muy amigos...*

OLIVIA: *Mucho.*

COLOMA: *...con todo eso de estar siempre juntos...*

OLIVIA: *Precioso.*

COLOMA: *Que era como de la familia.*

OLIVIA: *Que se sentía parte de la familia.*

COLOMA: *¿No es lo mismo?*

OLIVIA: *No.*

COLOMA: *Ha sido muy bonito, no sé, cuando ha hablado*

de la amistad...

OLIVIA: *Lo de África.*

COLOMA: *Ya ves. Lo de África, mamá parecía emocionada, se ha puesto roja como un pimiento.*

OLIVIA: *Le ha llamado Andrés muchas veces...*

COLOMA: *¿Tú recuerdas eso de que viviera en casa?*

OLIVIA: *¿Quieres fumarte un cigarrillo?*

COLOMA: *No.*

OLIVIA: *Yo tampoco.*

COLOMA: *¿Y por qué preguntas?*

OLIVIA: *Yo qué sé.*

Pausa.

OLIVIA: *¿Crees que se acostó con papá?*

COLOMA: *Claro que se acostó con papá.*

OLIVIA: *...*

COLOMA: *¿Qué pasa?*

OLIVIA: *Es que... Era nuestro padre.*

COLOMA: *Ahora vas a ser homófoba.*

OLIVIA: *No creo. No sé. No recuerdo nada...*

COLOMA: *¿Seguro? Igual sí que recuerdas algo...*

OLIVIA: *Pues no, Coloma, ni recuerdo ni me imagino a mi padre chupando la polla a ese señor/*

COLOMA: *Gracias por la imagen.*

OLIVIA: */ni recuerdo que ese tío viviera con nosotras. ¿Dónde estaba? ¿En el sofá? ¿Cuatro años durmiendo en un sofá?*

COLOMA: *Espera... ¿Recuerdas que hubiera un sofá?*

OLIVIA: *¿Y qué es eso de África? ¿De qué África habla?*
COLOMA: *No sé.*
OLIVIA: *¿Hemos ido a África y no me acuerdo?*
COLOMA: *Pues igual has ido, sí.*
OLIVIA: *Y tú.*
COLOMA: *Pues igual he ido, sí.*

Pausa.

OLIVIA: *¿Cuándo han ido Martín, Andrés y Marisa a África?*
COLOMA: *Pues hace muchos años, con él, cuando papá y él...*
OLIVIA: *A lo mejor era más bien Marisa.*
COLOMA: *¿Y eso te parecería mejor?*
OLIVIA: *¿A ti te parece tan normal que en un velatorio se hable de la vida sexual de tus padres?*
COLOMA: *¿Ahora es un velatorio y no un entierro?*
OLIVIA: *¡Coloma!*
COLOMA: *No, no me lo parece, así que si dejas el tema, mejor que mejor.*

Pausa.

OLIVIA: *No puedo. Si papá era maricón, hay muchas cosas que me planteo.*
COLOMA: *Papá lo que está es muerto.*
OLIVIA: *Pero vivo, vivo, ¿vivo era marica?*
COLOMA: *Igual no, igual lo estamos sacando de madre, Olivia. Igual eres ese tipo de persona que le saca punta a*

todo y no puede referirse a las cosas de un modo literal sino que necesitas darles vueltas y vueltas, y vueltas.

OLIVIA: *Quizás hablo con mamá.*

COLOMA: *Seguro que ahora es un momento perfecto para hablar con ella sobre si papá era gay o si tuvieron un trío con ese señor.*

OLIVIA: *Que no…*

COLOMA: *¿Que no qué?*

OLIVIA: *Lo de maricón o no, no se lo voy a preguntar, es lo de menos. No es asunto mío si papá era maricón, ¿me entiendes? ¿A nosotras qué nos importa?*

COLOMA: *Visto así/*

OLIVIA: *Yo quiero saber si tenían una relación abierta.*

COLOMA: *¿En serio?*

OLIVIA: *Muy en serio.*

COLOMA: *¿No lo sabríamos?*

OLIVIA: *…*

COLOMA: *Vale, no, no lo sabríamos, no sabemos nada.*

OLIVIA: *Nada.*

COLOMA: *Nada.*

OLIVIA: *Una cosa es que tuvieran una relación a tres, y otra que ellos tuvieran toda la libertad para tener diferentes tipos de relaciones, en diferentes escalas, y que esta persona fuera alguien con quien tuvieron una relación íntima durante unos años, implicado en su núcleo familiar… A lo mejor alguna vez nos llevó a comer helado. Yo creo que soy una de esas personas que come helado, ¿y tú?*

COLOMA: *Tú de lo que quieres hablar es de relaciones abiertas.*

OLIVIA: *... Sí.*

COLOMA: *¿Quieres tener una relación abierta con tu pareja?*

OLIVIA: *Supongo que sí.*

COLOMA: *Pero, ¿tienes una pareja con la que tener una relación abierta o tendrías que empezar de cero?*

OLIVIA: *¿No lo sabes?*

COLOMA: *¿Qué quieres decir?*

OLIVIA: *Si no hemos hablado nunca de si tengo pareja o no.*

COLOMA: *Sabes que no lo sé.*

OLIVIA: *¿En absoluto?*

COLOMA: *¿No deberías saberlo tú?*

OLIVIA: *Debería.*

COLOMA: *Mamá está hablando con él.*

Pausa.

COLOMA: *¿Tú no lo recuerdas?*

OLIVIA: *Joder, Coloma, ¿qué coño te digo? Sabes que recuerdo lo mismo que tú, joder, ¿no lo sabes ya?*

COLOMA: *Siempre una de las dos hermanas tiene mejor memoria que la otra, no lo digo yo, es ciencia.*

OLIVIA: *¡La ciencia! ¡De la ciencia sí que te acuerdas!*

COLOMA: *¿No te suena de nada?*

OLIVIA: *No lo sé.*

COLOMA: *Su cara... El mentón... Las cejas...*

OLIVIA: *¿Las cejas?*

COLOMA: *Son muy expresivas.*

OLIVIA: *Nadie se ha acordado nunca de las cejas de nadie en toda la humanidad.*

COLOMA: *¿No recuerdas las cejas de Drácula?*

OLIVIA: *No.*

COLOMA: *Vale, está claro que no eres la hermana con la memoria prodigiosa.*

OLIVIA: *Clarísimo.*

COLOMA: *Igual soy yo.*

OLIVIA: *Venga, sí.*

COLOMA: *¿Igual tuvimos otra hermana que murió y ella es la que hoy se hubiera acordado de todas las mierdas que no podemos recordar nosotras? ¿La matamos por envidia?*

OLIVIA: *La hermana de la memoria no eres, pero la de las películas, seguro que sí.*

COLOMA: *Creo que escribo cosas, creo que me gano la vida escribiendo cosas. ¿Puede ser?*

OLIVIA: *Puede ser.*

COLOMA: *¿Y qué escribo?*

OLIVIA: *Novelas, no te jode.*

COLOMA: *Sí, claro, ¿y vivo de ello?*

OLIVIA: *Claro, eres J.K. Rowling.*

COLOMA: *Ya.*

OLIVIA: *Es broma.*

COLOMA: *Ya...*

OLIVIA: *Igual eres negra.*

COLOMA: *¿De descendencia?*

OLIVIA: *¡No!*

COLOMA: *¿Y tú no?*

OLIVIA: *¿No sabes que es así como se llama a la gente que escribe por otras personas?*

COLOMA: *¿Quieres decir Ghostwriter?*

OLIVIA: *Sí, quiero decir Ghostwriter.*

COLOMA: *Pues podrías haber dicho eso.*

OLIVIA: *Pues perdona.*

Pausa.

COLOMA: *¿Y qué habré escrito?*

OLIVIA: *Te diría que lo buscaras pero...*

COLOMA: *¡No lo encontraría!*

OLIVIA: *¡No lo encontrarías!*

COLOMA: *Eso... Es como si cualquier libro pudiera ser mío, ¿no? Podría mirar las portadas, las encuadernaciones, el papel, y soñar con que pude escribirlo yo...*

OLIVIA: *Mira qué bien.*

COLOMA: *Tampoco es seguro, igual estoy en la mierda. ¿Te haría feliz que tu hermana estuviera en la mierda?*

OLIVIA: *Me haría feliz...*

COLOMA: *Mira...*

OLIVIA: *Mamá se está despidiendo de Miguel.*

COLOMA: *Martín.*

OLIVIA: *Martín.*

Pausa.

OLIVIA: *Ese hombre enseñó a bailar a papá.*

Pausa.

COLOMA: *Era la boda de alguien.*

OLIVIA: *La boda de alguien.*

COLOMA: *Papá guiaba pero no sabía.*

OLIVIA: *Martín le seguía.*

COLOMA: *Papá se marchó, ¿verdad?*

OLIVIA: *Dio un portazo y se fue.*

Pausa.

COLOMA: *Adiós Martín.*

Pausa.

OLIVIA: *No me puedo creer que papá esté muerto.*

COLOMA: *Yo no me creo el hambre que tengo.*

OLIVIA: *He encontrado unas gafas en la chaqueta.*

COLOMA: *¿Llevas gafas?*

OLIVIA: *Eso parece.*

COLOMA: *No te has puesto las gafas ni un momento.*

OLIVIA: *No me han hecho falta.*

Pausa. Alguien se dirige a Coloma.

COLOMA: *Sí, claro, gracias.*

OLIVIA: *¿Qué?*

COLOMA: *Que en unos minutos podremos ir a la cremación.*

OLIVIA: *¿Cremación?*

COLOMA: *Claro.* No le van a enterrar/
OLIVIA: *Le van a incinerar.*

Pausa.

OLIVIA: *Ya me acuerdo.*
COLOMA: *¿De qué te acuerdas?*
OLIVIA: *Espera...*
COLOMA: *¿Te acuerdas de todo?*
OLIVIA: *Quería dejar todos sus órganos a la investigación.*
COLOMA: *¿Por qué no sabíamos eso? ¿Por qué no me acordaba de que le iban a quemar y hacer que se convierta en polvo, Olivia? ¿Por qué? ¿Por qué nadie se acuerda de nada de esto? ¿Y habrá entonces que tirar las cenizas por ahí?*
OLIVIA: *No, eso no se hace ya.*
COLOMA: *¿Por qué?*
OLIVIA: *No lo sé.*
COLOMA: *¿Es ilegal?*
OLIVIA: *Podría ser.*
COLOMA: *¿Hay que quedárselas entonces?*
OLIVIA: *Sí.*
COLOMA: *¿Y quién se lo queda?*
OLIVIA: *Supongo que mamá.*
COLOMA: *Yo no quiero llevármelas, Olivia.*
OLIVIA: *Ni yo.*
COLOMA: *No puedo quedarme las cenizas de mi padre, ¿entiendes? No puedo levantarme por las mañanas, desayunar, y saber que está ahí.*

OLIVIA: *Podemos hacer como que nos las olvidamos, ¿no? Y que las tengan aquí en un nicho, que anda que no hay espacio...*

Pausa.

COLOMA: *Daremos por sentado que se lo queda mamá.*

OLIVIA: *Muy bien. Vamos.*

COLOMA: *¿Qué quieres hacer?*

OLIVIA: *Pues despedirnos, ¿no? Como en las películas.*

COLOMA: *Joder, yo no quiero hacer eso.*

OLIVIA: *¿Por qué no?*

COLOMA: *No lo sé.*

OLIVIA: *Se nota que eras la que te llevabas bien/*

COLOMA: *Igual no.*

OLIVIA: *La que sabe todo, gestiona el velatorio, habla con mamá, habla con todo el mundo, a la que todos quieren/*

COLOMA: *Igual precisamente por eso eres a la que menos quieren, porque eres la que está a todo, lo haces todo, eres precisamente la que nadie quiere cerca.*

Pausa.

OLIVIA: *Yo creo que sí quiero despedirme de él.*

COLOMA: *Vale.*

OLIVIA: *Vale.*

COLOMA: *¿Quieres estar a solas?*

OLIVIA: *Supongo.*

COLOMA: *Ah, vale.*

Pausa.

Olivia se queda en silencio, unos instantes, parece que habla para sí misma.

Se tomará el tiempo necesario.

OLIVIA: *Ya está.*

COLOMA: *¿Ya?*

OLIVIA: *Sí.*

COLOMA: *Pero si no has dicho nada.*

OLIVIA: *Créeme, le he dicho de todo.*

COLOMA: *No has dicho una palabra.*

OLIVIA: *Ah, no.*

COLOMA: *¿Y cómo lo has hecho?*

OLIVIA: *Pues sin hablar.*

COLOMA: *¿Y cómo se va a enterar?*

OLIVIA: *Lo he dicho todo con la mente, joder, no hace falta hablar, está muerto, no sabes si por hablar te va a oír, imagino que da puto igual, ¿no? ¿No vale con esto?*

COLOMA: *Bueno/*

OLIVIA: *Bueno, ¿qué?*

COLOMA: *Yo diría algo.*

OLIVIA: *Pues dilo.*

COLOMA: *No puedo. A él no puedo.*

OLIVIA: *Pues haz lo que quieras.*

COLOMA: *...Igual no soy de la gente que es capaz de despedirse en el momento.*

OLIVIA: *Me encaja.*

Pausa. Parece que la atención va hacia Marisa. El personaje, de ser interpretado por una actriz, se levantará y dirigirá al centro del escenario, quitando espacio a Coloma y Olivia,

COLOMA*: ¿Va a...?*

OLIVIA*: Eso parece.*

COLOMA*: ¿Has hablado con ella?*

OLIVIA*: Sólo he hablado contigo en todo el rato.*

COLOMA*: Pero si ya dan paso a la cremación, cómo/*

OLIVIA*: Pues parece que...*

COLOMA*: Creo que deberíamos haber hablado con alguien más, Olivia, saludar, dar el pésame. Va a...*

OLIVIA*: Eso parece/*

MARISA*: Hola a tots i totes. Us dono les gràcies per haver vingut avui aquí.*[1]

És un moment difícil per mí. Molts de vosaltres ja ho sabeu, molts ho entendreu, després d'haver conegut l'Andrés tota la vida... que dir-li Adéu és una de les coses més difícils... i us agraeixo molt el recolzament que doneu a tota la nostra família. Us veig i em sento molt acompanyada... i alhora molt sorpresa. Hi ha molta gent que no m'esperava veure. Hi ha massa gent que m'ha sorprés. És com si no recordés les cares de moltes persones... com si mai haguéssin format part de la vida de l'Andrés.

---

[1] El monólogo en catalán fue revisado y traducido por Gemma Charines, directora escénica de la pieza en Enero de 2024.

COLOMA: *Olivia… ¿Te das cuenta/*

OLIVIA: *Sí, somos catalanas.*[2]

MARISA: *L'Andrés sempre ha estat molt carinyós amb els seus amics i amigues. Sempre s'ha esforçat per ser algú important. Algú amb qui la gent pogués comptar. Una persona a qui tothom li explica els seus secrets, una persona que tothom necessita, que tothom busca. Una persona a la que totes les altres li podien confiar la vida en qualsevol moment. I, de fet, ell era aquesta persona, no?*

Quan alguna persona necessitava alguna cosa, que la portés en cotxe del punt A al punt B. Recordes, Rebeca? Del punt A al punt B. Ell no em deia mai quin era el punt A i quin era el punt B, però suposo que tu sí que ho sabies, oi, Rebeca? Segur que sí. Però era el vostre secret, ell guardava molt bé els secrets. I no parlo només de tu, Rebeca, és clar que no, Pau, tu també has sigut el seu company de llargues converses, reunions, punt A, punt B i fins i tot punt C, oi?

Ai, Andrés! Jo li deia moltes vegades, que si hagués fet com els psicòlegs i hagués cobrat a 60 euros l'hora, no hagués necessitat treballar de res més! La necessitat que us generava l'Andrés era increible! Suposo que és per això que avui esteu aquí, per tot el que li debeu!

COLOMA: *Me siento mucho más tranquila ahora que mamá está hablando.*

---

[2] En ensayos, al leer el texto traducido al catalán, la actriz improvisó esta frase, que acabó quedándose en el texto.

OLIVIA: *Jo també.*[3]

MARISA: *Però, de la mateixa manera que ell guardava molt bé els vostres secrets, ara que ell ja no està, hi ha tantes coses que jo no sé. Tantes coses que no sabré mai... i menys mal!*

Ell m'ha deixat molts records, una família, una casa, el nostre casament, els nostres aniversaris, les nostres baralles... però hi ha una cosa que li he d'agraïr especialment... LA IGNORÀNCIA!

Gràcies, Andrés, per deixar-me fora de tota aquesta cadena de favors que us ha portat avui aquí, perquè... sincerament, gràcies a haver estat fora, gràcies a haver estat ignorant a tot allò que us estava passant, ha fet que, tot i que us volgués ajudar, no pugui fer-ho.

COLOMA: *...*

OLIVIA: *...*

MARISA: *No sé res! No sé quin era el punt A, ni tampoc el punt B, no penso revisar els seus mails, no ho faré. Ni això ni qualsevol altre dels vostres requeriments de merda!*

No penso remoure els seus papers, ni penso buscar res enlloc, ni a la guantera del cotxe, ni a la tauleta de nit, ni a les butxaques de la jaqueta que va portar en aquell casament. No penso remenar res i menys per vosaltres! Com us atreviu a venir en un moment així a demanar tot el que em demaneu? A mí, que mai vaig prendre part

---

[3] Estas frases salieron como parte de una improvisación en ensayos por parte de la intérprete.

de tot això, que mai us he vist, que no sé res!
Tan aviat heu ensumat l'olor de desodorant en el seu
cadàver us ha faltat temps per venir a demanar-ho tot,
allò que us pertany i allò que no us pertany. Res us
pertany! No cal que insistiu, no us servirà de res, les
meves filles i jo ho cremarem tot!

Pausa.

MARISA: *Hi ha tanta gent que s'ha rigut de mi a la meva*
cara... que parlava de com el meu marit podia sostenir
una doble vida, una vida familiar, amb mí, amb les
meves filles, quan encara es parlaven... i després tots
aquests moments especials que ha viscut amb vosaltres,
on heu tingut tanta importància com qualsevol altre
persona de la seva vida. CAP!
Sincerament no sé què feu aquí. Pot ser pensàveu arribar
i trobar un sobre esperant-vos? Pot ser pensàveu tenir
una cita amb mi, com si fos de la màfia? Només hi ha
una cosa que tinc ben clara. Mentre vosaltres creieu que
el meu marit us deu alguna cosa, jo sé del cert que no
és així. I en el fons vosaltres també ho sabeu, però heu
vingut a veure si cola. Quí sou vosaltres? Què feu aquí?
Per què heu decidit venir a "compartir" el dolor de la
mort d'una persona que ni recordeu? Que només va
existir per donar-vos. Acomiadar-vos de les despulles i
sortir pensant que sopareu avui i com anireu a treballar
demà. S'ha acabat! Adéu Andrés, ja pots acomiadar-te
de tots els bultors, avui ni les teves filles ni jo, deixarem

que s'emportin un bocinet de tu que no els hi pertany.

Pausa.
COLOMA: *Pues... Podemos ir saliendo a la cremación...*
OLIVIA: *Por aquí, por favor, con cuidado.*
COLOMA: *Sí, por ahí.*
OLIVIA: *Claro, claro, nosotras también vamos, no nos la íbamos a perder.*
COLOMA: *Gracias.*
OLIVIA: *Muchas gracias.*

Pasan unos instantes hasta que comienza la cremación.
La hermanas se quedan pendientes, con duda.
Pausa.

COLOMA: *¿Me llevo a mamá luego a casa?*

Pausa.
COLOMA: *Me la llevo, sí.*

Pausa.
COLOMA: *Va a ser una lástima cuando recordemos por qué no hablamos.*
OLIVIA: *Ya.*
COLOMA: *Pobre papá, una vida entera y al final se te comen los gusanos.*
OLIVIA: *Tranquila, le incineran.*
COLOMA: *Es verdad.*

OLIVIA: *Los gusanos se quedarán con hambre.*

Pausa.

OLIVIA: *No te rías.*

COLOMA: *No me río.*

OLIVIA: *Coloma...*

COLOMA: *De verdad que no me estoy riendo, creo que es muy poético.*

OLIVIA: *¿Ah, sí?*

COLOMA: *A lo mejor la que eres escritora eres tú.*

OLIVIA: *Creo que soy camionera.*

COLOMA: *¿Cómo vas a ser camionera?*

OLIVIA: *No vamos a ser todas escritoras, habrá camioneras también.*

COLOMA: *Vale, pues camionera... Habrás viajado un montón*

OLIVIA: *A lo mejor he llegado hasta Indonesia.*

COLOMA: *A lo mejor.*

OLIVIA: *¿Por eso no nos hablamos, porque no nos vemos nunca porque soy camionera y hago viajes sin parar?*

COLOMA: *Bueno, si me dedico a escribir tendré horarios de oficina aburridos y monótonos. Yo soy la hermana monótona.*

OLIVIA: *Igual has viajado.*

COLOMA: *No, si de verdad soy escritora, veo poco mundo, y el que hay, lo saco de mi cabeza. Los escritores están en cuevas buscando palabras y evitando que les desconcentre el mundo.*

OLIVIA: *Pues vaya rollo.*
COLOMA: *Igual lo dejo.*
OLIVIA: *¿Escribir?*
COLOMA: *Pues sí, igual hago otra cosa.*
OLIVIA: *¿El qué?*
COLOMA: *No lo sé.*
OLIVIA: *Podrías venir conmigo en el camión.*
COLOMA: *Vale.*

Pausa.
OLIVIA: *¿Me enviarás lo que escribas de papá?*
COLOMA: *No sé si escribiré algo... No sé si/*
OLIVIA: *Que sí, coño.*
COLOMA: *... ¿Quieres?*
OLIVIA: *Claro. Para recordarle.*
COLOMA: *Claro.*

Luces de incineración.
Ambas hermanas lo miran, poco a poco se acercan y se cogen de la mano.

OSCURO

FIN

SZENIKA